A LITTLE JAMIE BOOK

What It's Like to Be
Qué se siente al ser

SONIA SOTOMAYOR

BY/POR TAMMY GAGNE

TRANSLATED BY/
TRADUCIDO POR
EIDA DE LA VEGA

Mitchell Lane
PUBLISHERS

P.O. Box 196
Hockessin, Delaware 19707
Visit us on the web: www.mitchelllane.com
Comments? email us:
mitchelllane@mitchelllane.com

Mitchell Lane
PUBLISHERS

Printing   1   2   3   4   5   6   7   8   9

A LITTLE JAMIE BOOK

What It's Like to Be . . .   Qué se siente al ser . . .

America Ferrera	América Ferrera
The Jonas Brothers	Los Hermanos Jonas
Marta	Marta
Miley Cyrus	Miley Cyrus
President Barack Obama	El presidente Barack Obama
Ryan Howard	Ryan Howard
Shakira	Shakira
Sonia Sotomayor	Sonia Sotomayor

Library of Congress Cataloging-in-Publication Data
Gagne, Tammy.
  What it's like to be Sonia Sotomayor / by Tammy Gagne; translated by Eida de la Vega = ¿Qué se siente al ser Sonia Sotomayor? / por Tammy Gagne; traducido por Eida de la Vega.
     p. cm.
  Includes bibliographical references and index.
  Text in English and Spanish .
  ISBN 978-1-58415-853-0 (library bound)
1. Sotomayor, Sonia, 1954– — Juvenile literature. 2. Judges — United States — Biography — Juvenile literature. 3. Hispanic American judges — Biography — Juvenile literature. I. Vega, Eida de la. II. Title. III. Title: ¿Qué se siente al ser Sonia Sotomayor?
  KF8745.S67G34 2010
  347.73'2634 — dc22
  [B]
                                                                        2010006532

ABOUT THE AUTHOR: Tammy Gagne is the author of numerous books for both adults and children, including *What It's Like to Be America Ferrera* for Mitchell Lane Publishers. One of her favorite pastimes is visiting schools to speak to kids about the writing process. She lives in New England with her husband, son, dogs, and parrots.
ACERCA DE LA AUTORA: Tammy Gagne es autora de numerosos libros para niños y adultos, como *Qué se siente al ser América Ferrera* de Mitchell Lane Publishers. Uno de sus pasatiempos preferidos es visitar escuelas para hablarles a los niños acerca del proceso de la escritura. Vive en el norte de Nueva Inglaterra con su esposo, su hijo y algunos perros y cotorras.
ABOUT THE TRANSLATOR: Eida de la Vega was born in Havana, Cuba, and now lives in New Jersey with her mother, husband, and two children. Eida has worked at Lectorum/Scholastic, and as editor of the magazine *Selecciones del Reader's Digest*.
ACERCA DE LA TRADUCTORA: Eida de la Vega nació en La Habana, Cuba, y ahora vive en Nueva Jersey con su madre, su esposo y sus dos hijos. Ha trabajado en Lectorum/Scholastic y, como editora, en la revista *Selecciones del Reader's Digest*.
PUBLISHER'S NOTE: The following story has been thoroughly researched, and to the best of our knowledge represents a true story. While every possible effort has been made to ensure accuracy, the publisher will not assume liability for damages caused by inaccuracies in the data and makes no warranty on the accuracy of the information contained herein. This story has not been authorized or endorsed by Sonia Sotomayor.

What It's Like to Be/
Qué se siente al ser
SONIA SOTOMAYOR

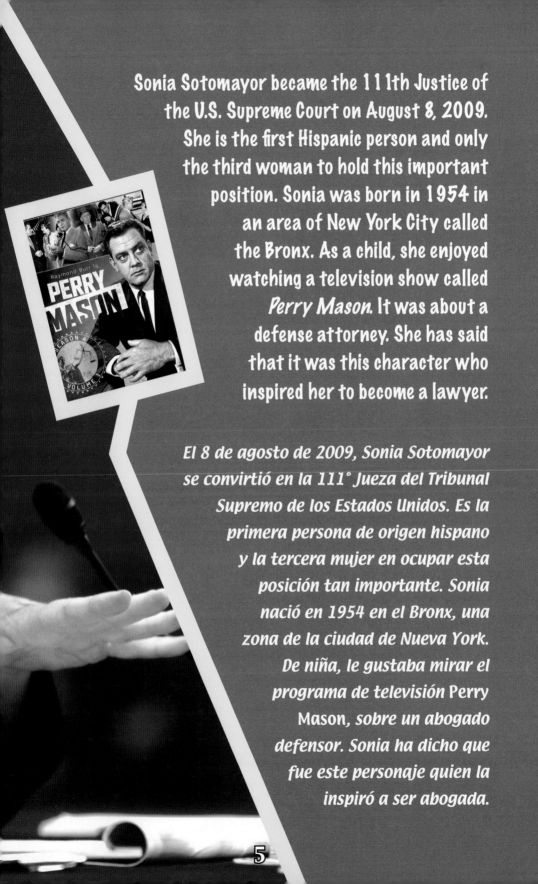

Sonia Sotomayor became the 111th Justice of the U.S. Supreme Court on August 8, 2009. She is the first Hispanic person and only the third woman to hold this important position. Sonia was born in 1954 in an area of New York City called the Bronx. As a child, she enjoyed watching a television show called *Perry Mason*. It was about a defense attorney. She has said that it was this character who inspired her to become a lawyer.

El 8 de agosto de 2009, Sonia Sotomayor se convirtió en la 111° Jueza del Tribunal Supremo de los Estados Unidos. Es la primera persona de origen hispano y la tercera mujer en ocupar esta posición tan importante. Sonia nació en 1954 en el Bronx, una zona de la ciudad de Nueva York. De niña, le gustaba mirar el programa de televisión Perry Mason, *sobre un abogado defensor. Sonia ha dicho que fue este personaje quien la inspiró a ser abogada.*

After graduating from Princeton University and Yale Law School, Sonia went on to serve many roles in the New York justice system. Her work as both a prosecutor and later as a trial judge helped put many dangerous criminals behind bars. New Yorkers enjoyed greeting Sonia whenever they saw her leaving her West Village apartment on her way to work.

Después de graduarse de la Universidad de Princeton y de la Facultad de Derecho de Yale, Sonia llevó a cabo trabajos variados en el sistema de justicia de Nueva York. Su trabajo, tanto de fiscal como de jueza, contribuyó a poner tras las rejas a muchos delincuentes peligrosos. A los neoyorquinos les gustaba saludar a Sonia cuando ella salía de su apartamento en el West Village para ir a su trabajo.

Sonia works at the U.S. Supreme Court building in Washington, D.C. She and the eight other justices hear cases that lower courts have had difficulty deciding or that have been appealed. Using the U.S. Constitution as its guide, the Supreme Court makes final decisions in these cases.

Sonia trabaja en el edificio del Tribunal Supremo de los Estados Unidos en Washington, D.C. Ella y los otros ocho jueces escuchan apelaciones o casos que les ha sido difícil decidir a tribunales menores. Guiándose por la Constitución de los Estados Unidos, el Tribunal Supremo toma decisiones definitivas con respecto a estos casos.

9

Sonia was nominated to the Supreme Court by President Barack Obama. Before she could be given the job, the U.S. Senate had to confirm her nomination. Senators asked her many questions and then voted on whether they thought she should become a Supreme Court justice. Sonia's nomination was confirmed by a vote of 68 to 31.

Sonia fue nominada al Tribunal Supremo por el presidente Barack Obama. Antes de que le dieran el puesto, el Senado de Estados Unidos tuvo que confirmar su nominación. Los senadores le hicieron muchas preguntas y luego votaron sobre si pensaban que ella debía ser Jueza del Tribunal Supremo. La nominación de Sonia fue confirmada por una votación de 68 a 31.

During the confirmation hearings, Sonia spoke about many of the important issues she might face if confirmed. All Supreme Court justices must be completely fair when making their rulings. One of the issues Sonia holds dear is racial equality—treating people equally no matter what their race.

Durante las vistas de confirmación, Sonia habló sobre muchos de los temas importantes que ella enfrentaría si fuera confirmada. Todos los jueces del Tribunal Supremo deben ser absolutamente justos en sus fallos. Uno de los temas que Sonia defiende es la igualdad racial, es decir, dar un trato igualitario a las personas sin importar a qué raza pertenezcan.

Sonia often has lunch with members of Congress, such as Senators Charles Schumer and Kirsten Gillibrand of New York. She admits to having som unusual food tastes, which stem from her Hispani heritage. She enjoys eating pig intestines, pig feet with beans, and pig tongue and ears. Sonia describes her taste buds as adventurous.

Con frecuencia, Sonia almuerza con miembros del Congreso, como los senadores Charles Schumer y Kirsten Gillibrand de Nueva York. Admite que tiene algunos gustos raros en materia de comida, que atribuye a sus raíces hispanas. Le gusta comer intestinos de cerdo (mondongo), patas de cerdo con frijoles y lengua y orejas de cerdo. Sonia dice que sus papilas gustativas son aventureras.

PIG FEET / PATAS DE CERDO

Jonathan Lippman,
chief judge of the
state of New York,
presented Sonia with a
picture of Lady Justice in 2009.
It was signed by all the judges from
the Court of Appeals in New York. This is
just one of many honors Sonia has received.

Jonathan Lippman, jefe de justicia del estado de Nueva York le dio a Sonia una imagen de la diosa de la justicia en el 2009. Estaba firmada por todos los jueces del Tribunal de Apelaciones de Nueva York. Este es sólo uno de los muchos honores que Sonia ha recibido.

Sonia's parents came to the United States from Puerto Rico. Her father died when she was only nine years old. His passing left her mother, Celina, alone to raise both Sonia and her brother, Juan. Sonia credits her mother with teaching them that the key to success is a good education. During her confirmation hearings, Sonia spoke of the influence her mother had on their lives. "Our achievements are due to the values that we learned as children."

Los padres de Sonia vinieron a Estados Unidos desde Puerto Rico. Su padre murió cuando ella sólo tenía nueve años. Tras su muerte, Celina, la madre de Sonia, tuvo que criar sola a sus dos hijos, Sonia y Juan. Sonia dice que fue su madre quien le inculcó que la clave para tener éxito es recibir una buena educación. Durante las vistas previas a su confirmación, Sonia habló de la influencia que tuvo su madre en la vida de ella y de su hermano: "Nuestros logros se deben a los valores que aprendimos de niños".

President Obama called Sonia's achievement in becoming the first Hispanic member of the U.S. Supreme Court an inspiration for young and old alike.

El presidente Obama dijo que el hecho de que Sonia se hubiera convertido en el primer miembro hispano del Tribunal Supremo de Estados Unidos era una inspiración para viejos y jóvenes por igual.

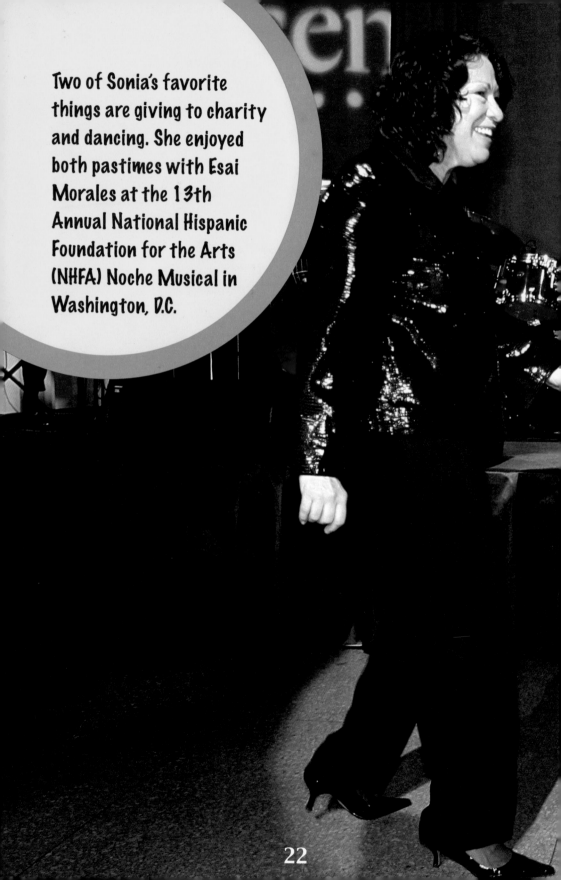

Two of Sonia's favorite things are giving to charity and dancing. She enjoyed both pastimes with Esai Morales at the 13th Annual National Hispanic Foundation for the Arts (NHFA) Noche Musical in Washington, D.C.

Dos de las cosas favoritas de Sonia son colaborar con organizaciones de beneficencia y bailar. Disfrutó de ambos pasatiempos con Esai Morales en la 13° Noche Musical que organizó la Fundación Nacional Hispana para las Artes en Washington, D.C.

Sonia also enjoys watching baseball. A lifelong Yankees fan, she takes in a game with her twin nephews, Corey and Conner. The stadium of her favorite team isn't far from the housing project where Sonia lived as a child. Although her work on the Supreme Court has taken her to Washington, she will always be a New Yorker at heart. She has said that she is "just a kid from the Bronx."

A Sonia le encanta ver juegos de béisbol. Siempre ha sido admiradora de los Yankees y disfruta los juegos de su equipo con sus sobrinos gemelos, Corey y Conner. El estadio de su equipo favorito no queda lejos del edificio de viviendas subvencionadas donde vivía Sonia de niña. Aunque por su trabajo en el Tribunal Supremo se ha trasladado a Washington, siempre será una neoyorquina de corazón. Sonia ha dicho que ella se considera "sólo una chica del Bronx".

Sonia threw out the ceremonial first pitch at Yankee
Stadium on September 26, 2009.

*Sonia hizo el primer lanzamiento ceremonial en el estadio de
los Yankees el 26 de septiembre de 2009.*

27

As a Supreme Court justice, Sonia must read and sign many important documents. Since she works closely with the President of the United States, she often meets with White House staff members.

Como Jueza del Tribunal Supremo, Sonia debe leer y firmar muchos documentos importantes. Como trabaja muy estrechamente con el Presidente de los Estados Unidos, se reúne con frecuencia con miembros del personal de la Casa Blanca.

On the day she took her two oaths to become a Supreme Court Justice, Sonia praised the document she swore to uphold: the U.S. Constitution. She said, "It draws together people of all races, faiths, and backgrounds, from all across this country, who carry its words and values in our hearts. It is this nation's faith in a more perfect union that allows a Puerto Rican girl from the Bronx to stand here now." Often she doesn't grant interviews, so many people wonder: "What's it like to be Sonia Sotomayor?"

El día que hizo sus dos juramentos para convertirse en Jueza del Tribunal Supremo de Justicia, Sonia elogió el documento que ha jurado defender: la Constitución de los Estados Unidos. Y refiriéndose a este documento dijo: "Aúna personas de todas las razas, religiones y orígenes de todo el país, quienes llevan las palabras y los valores de la Constitución en sus corazones. Es la fe de esta nación en una unión más perfecta lo que ha permitido que una chica puertorriqueña del Bronx esté parada ahora aquí". Como ella no da entrevistas, mucha gente se pregunta: "¿Qué se siente al ser Sonia Sotomayor?".

FURTHER READING/LECTURAS RECOMENDADA

Books and Articles / Libros y artículos

"A Justice Like No Other." *Time For Kids*, Volume 15, Issue 3, page 4; September 18, 2009.

Barnes, Cheryl Shaw. *Marshall, the Courthouse Mouse: A Tail of the U.S. Supreme Court* VSP Books: Lorton, Virginia, 1998.

Works Consulted/Obras consultadas

Associated Press. "Sotomayor Celebrated at White House Reception" August 12, 2009.

Judge Sonia Sotomayor's Conformation Hearings Transcript, July 14, 2009.

Lucas, Lisa, and David Saltonstall. "Sonia Sotomayor's Mother Tells News: I Overcame Odds to Raise U.S. Supreme Court Pick." *New York Daily News*, May 28, 2009.

Saul, Michael. "Obama's Supreme Court Pick Sonia Sotomayor Never Forgot her Bronx Roots." *New York Daily News*, May 26, 2009.

Savage, Charlie. "Sotomayor Confirmed by Senate, 68-31." *New York Times*, August 6, 2009.

Savage, Charlie. "Sotomayor Sworn In as Supreme Court Justice." *New York Times*, August 8, 2009.

"Sotomayor's Favorites: Pig Innards, 'Law & Order.' " *Associated Press/CBS News*, June 5, 2009.

Winter, Jonah. *Sonia Sotomayor: A Judge Grows in the Bronx*. Atheneum: New York, 2009.

On the Internet

Social Studies for Kids
  http://www.socialstudiesforkids.com/ subjects/supremecourt.htm
Time For Kids
  http://www.timeforkids.com/TFK/specials/ articles/0,6709,1103946,00.html

En Internet

Sonia Sotomayor
  http://www3.impre.com/sotomayor/

INDEX/ÍNDICE